DU

GOUVERNEMENT

PARLEMENTAIRE

LE DÉCRET DU 24 NOVEMBRE

PAR

M. PRÉVOST-PARADOL

PARIS

MICHEL LÉVY FRÈRES, LIBRAIRES-ÉDITEURS

RUE VIVIENNE, 2 BIS

1860

AVERTISSEMENT

Cette étude sur le *Gouvernement parlementaire* a été écrite il y a près de deux années. Elle a formé l'introduction de nos *Essais de politique et de littérature*. Bien que cet ouvrage ait été favorablement accueilli du public et qu'une seconde édition en soit devenue nécessaire, l'étude sur le Gouvernement parlementaire n'a point encore reçu cette publicité étendue qui seule pouvait la rendre utile.

En publiant aujourd'hui ce travail sous la forme de brochure et le mettant à la portée de tout le monde, nous ne cédons point, on le devine sans peine, à un vain amour-propre d'auteur. Ce sentiment nous est en général assez étranger, mais dans cette circonstance il ne nous paraîtrait pas exempt de ridicule. Ce que nous disons, en effet, dans cette brochure, passait pour une vérité banale il y a une dizaine d'années; hier c'était un paradoxe; aujourd'hui c'est pour bien des gens une découverte; demain, si nous ne nous égarons dans nos vœux pour le repos et pour le bonheur de la France, ce sera de nouveau pour tout le monde une banalité.

Telles sont nos espérances : elles seraient déçues que nous n'aurions pas à les regretter. Nous écrivions, il y a deux ans, dans la conclusion de cette étude elle-même et à la suite de plus d'une page amère : « Une fois mis en posses- « sion des garanties et des instruments du Gouvernement « libre, nous considérerions comme nos pires ennemis ceux « qui voudraient en troubler la jouissance ou en pervertir « l'emploi. Pour nous, nous ne laisserons jamais entrer dans « notre esprit la folle et coupable pensée de renverser un « gouvernement qui se laisse conduire, d'ébranler un pou- « voir que l'opinion fait régulièrement changer de main, « dont la propriété est à la nation, dont l'usage est à tout le « monde... »

Il nous semble qu'après avoir tant et si justement parlé de la sainteté des promesses, il faut avant tout se montrer disposé à faire honneur à sa parole (1). Qui peut prétendre d'ailleurs que nous risquions quelque chose à la tenir ? Nous sommes

(1) On trouvera à la fin de cette brochure l'article du *Journal des Débats* du 28 novembre, où est brièvement exposée la situation que le décret du 24 novembre fait à l'opposition libérale, et l'article du 2 décembre, réclamant la dissolution du Corps législatif.

persuadé qu'on est sincère ; mais à ceux qui soutiennent qu'on ne l'est pas et qui nous raillent déjà d'une désillusion prochaine, nous répondrons simplement que ceux qui se trompent en pareille matière ne sont pas ceux qui y perdent le plus ; car la nation, convaincue de leur patriotisme et touchée de leur bonne foi, honore leur déception et double leurs forces.

P. P.

DU
GOUVERNEMENT
PARLEMENTAIRE

Quelles que soient les formes extérieures que puisse revêtir le pouvoir dans les sociétés modernes, il est de toute nécessité qu'il soit réellement possédé et exercé soit par un seul homme, soit par des assemblées ; en d'autres termes, il faut choisir entre le gouvernement absolu et le gouvernement parlementaire. Nous prenons ce dernier mot dans son sens le plus large, et nous appelons gouvernement parlementaire tout établissement politique où les assemblées ont la haute main sur toutes les affaires du pays ; où l'on ne peut conduire ces affaires sans le concours de ces assemblées ou du moins sans leur aveu ; où elles voient relever d'elles directement ou indirectement tous les agents du pouvoir. Les gouvernements qui remplissent ces conditions essentielles peuvent différer de formes et de noms, et, au point de vue de leur solidité et de leur durée, ces différences sont bien loin d'être insignifiantes ; mais elles n'ont pas la même importance au point de vue de leur principe, et tandis qu'ils sont séparés du gouvernement absolu par un abîme, ils ne se distinguent les uns des autres que par des nuances. Que ce soit un roi constitutionnel ou un président de république qui envoie devant une assemblée ou devant deux assemblées des ministres responsables ; que ces assemblées aient seulement à indiquer indirectement par leurs votes et à ratifier par leur concours le choix de ces ministres, ou qu'elles aient le devoir de les choisir directement elles-mêmes ; qu'elles fassent la paix ou la guerre ou qu'elles aient seulement sous leurs yeux et sous leur main ceux qui font la guerre et la paix, que l'administration du pays relève directement d'elles ou qu'elles disposent seulement du sort des chefs de cette administration, ces différences et bien d'autres, si importantes qu'elles soient dans la pratique, se réduisent à peu de chose ou plutôt s'évanouissent à côté de la différence radicale qui sépare le gouvernement direct ou indirect des assemblées du gouvernement d'un seul homme.

En ces matières, ce n'est pas la forme qui emporte le fond, mais bien tout le contraire ; et le gouvernement d'un seul homme ne perd rien de son caractère ni de sa réalité, s'il s'entoure de simulacres d'assemblées comme, par exemple, l'a fait parmi nous le premier Empire. Ce qui ne permet à personne de confondre les assemblées de cette époque ou de ce genre avec les assemblées qui constituent le gouvernement parlementaire, c'est que le pouvoir ne soumet ses actes aux premières que dans la mesure où il le juge convenable, et qu'en aucun cas il ne leur soumet ses agents. Le caractère propre de ces assemblées, c'est de ne point posséder le droit d'initiative, c'est de n'avoir d'autre aliment pour leurs discussions que les propositions mêmes du pouvoir, c'est surtout de n'avoir jamais sous les yeux et encore moins sous la main des ministres responsables. Le pouvoir peut consulter ces assemblées, mais il n'est jamais tenu de leur obéir. Elles ne peuvent donc prétendre au nom de Parlement, mais elles méritent le nom de Conseil ; en un mot, elles font partie intégrante du régime consultatif qui est, si l'on veut, une des variétés du gouvernement absolu, mais qui n'a rien de commun avec le gouvernement parlementaire.

Pour faire bien comprendre les inconvénients du gouvernement d'un seul homme, soit qu'il se montre à découvert, soit qu'il se déguise sous le régime consultatif, et pour comparer les effets de ce système aux résultats du gouvernement parlementaire, il ne suffit pas, comme on l'a fait souvent, d'étudier à ce point de vue les fautes et les malheurs du premier Empire. Certes, jamais dans les sociétés modernes le gouvernement d'un seul homme n'a été soutenu par une volonté plus impérieuse et n'a rencontré moins d'obstacles ; mais le premier Empire a commencé et a subsisté au milieu de circonstances particulières qui ne permettent pas de le prendre pour type et pour sujet d'étude, lorsqu'on veut déterminer les effets naturels de cette forme de gouvernement. Il ne faut pas oublier que le premier Empire a été précédé de la Terreur et constamment accompagné de la guerre. Non-seulement les horribles images de la Terreur avaient dégoûté et consterné les âmes, mais ce massacre de tout ce que la France avait d'intelligent et d'illustre avait pour ainsi dire décapité la nation. Les véritables auteurs de la révolution de 1789 avaient disparu dans cette affreuse tourmente, et la France intellectuelle, comme une noble plante dont il ne reste plus que la tige, attendait encore une nouvelle floraison des esprits. De plus, les prémices de cette moisson nouvelle ne pouvaient mûrir sur notre sol ; tout ce que la France pouvait produire de caractères énergiques ou d'esprits généreux était presque aussitôt emporté vers la guerre. Cette dérivation constante, qui entraînait loin de la France le plus pur et le plus fort du sang français, simplifiait singulièrement la question de notre régime intérieur et empêchait le gouvernement d'un seul de produire au dedans, comme il l'a fait au dehors, toutes ses conséquences naturelles. Mais pour se faire une juste idée de ces conséquences inévitables, il faudrait supposer un gouvernement de ce genre en plein exercice au milieu d'une société qu'aucune révolution n'aurait décapitée, et qui ne serait ni distraite, ni affaiblie par la guerre ; en un mot, il faut se le représenter en tête-à-tête avec la nation.

Figurons-nous donc un instant le gouvernement d'un seul homme ou le régime consultatif en vigueur chez un peuple dont l'activité intellectuelle ne serait ni sensiblement diminuée, ni violemment détournée par les complications extérieures des affaires du pays, et examinons rapidement ce qui se passerait autour de lui.

Un des plus frappants caractères et des plus grands périls du gouvernement dont nous supposons ici l'existence, ce serait l'infériorité croissante de son personnel comparé, au point de vue de sa valeur intellectuelle et morale, avec le reste de la nation. Nous disons que cette infériorité irait croissant, parce qu'il y a dans l'exercice de tout pouvoir irresponsable une force de dépravation latente, mais efficace, à laquelle, dans aucun temps ni dans aucun pays, la nature humaine n'a pu se soustraire. La théologie chrétienne divise, je crois, en dix catégories la hiérarchie des anges ; si l'on suppose que ce gouvernement ait eu le bonheur d'enrôler d'abord à son service des anges de la première catégorie, il est de toute nécessité que leur participation à un tel pouvoir les fasse bientôt tomber de la première catégorie dans la seconde ; puis, dans la troisième, jusqu'à ce qu'ils en arrivent à être assez éloignés de Dieu pour être proches voisins du diable. Non-seulement les agents principaux de ce gouvernement ne pourraient se conserver dans leur pureté première, mais il serait très-difficile de les remplacer d'une manière avantageuse ; et la meilleure volonté du monde échouerait à leur trouver des successeurs capables de les faire oublier. Nous touchons ici à l'infirmité la plus grave de cette forme de gouvernement, à ce qu'on appellerait volontiers sa maladie chronique et mortelle : c'est l'impossibilité où il se trouve d'appeler à lui ceux qui seraient capables de le bien servir.

La nature est admirable dans toutes ses œuvres ; mais je ne sais si elle n'est pas digne d'une admiration particulière dans la dispensation qu'elle fait régulièrement aux sociétés civilisées de l'intelligence et du talent qui sont indispensables à leur maintien, nécessaires à leurs progrès et profitables à leur gloire. Comme les moissons succèdent aux moissons, les intelligences succèdent aux intelligences, et toute nation qui n'est point frappée à mort voit se remplir, dans l'ordre des esprits comme dans celui des corps, les vides que le temps fait dans son sein. Certes, il y a de bonnes et de mauvaises années ; aux périodes fécondes succèdent parfois les périodes stériles, comme les vaches maigres suivent les vaches grasses dans le rêve prophétique de Joseph ; mais cette récolte spirituelle ne fait jamais complétement défaut aux nations, et elles comptent toujours dans leurs rangs un certain nombre d'hommes évidemment destinés à prendre une part plus ou moins considérable à leurs affaires. Nous verrons tout à l'heure que le Gouvernement parlementaire n'est autre chose qu'un moyen régulier de faire arriver ces hommes au pouvoir selon leur mérite et selon les circonstances. Le gouvernement absolu ou consultatif étant, comme tous les gouvernements, au moins assez raisonnable pour vouloir durer, nous devons supposer qu'il ne négligerait aucun moyen d'attirer ces hommes à son service et de les faire participer à son autorité. Quoi qu'il fasse, il ne peut y réussir et il lui est défendu de l'espérer. Un obstacle invisible, mais invincible, met entre le talent et lui une infranchissable barrière. Ce n'est qu'un grain de sable, mais il n'est pas plus facile de l'enlever que de dessécher les mers ou que d'abaisser les continents.

On sait que les peuples qui veulent conserver leur aristocratie ont pris soin d'associer héréditairement aux grands noms de grandes fortunes, afin d'empêcher de trop déchoir ceux qui portent ces noms illustres. La nature a fait quelque chose de semblable pour cette aristocratie du talent qu'elle a fondée depuis le commencement du monde et qu'elle entend maintenir. Elle a donné à la plupart de ceux qui la composent, et surtout aux meilleurs, un capital invisible qui les met à l'abri des tentations infimes et qui les empêche de trop déchoir. C'est une certaine dose de fierté plus ou moins considérable, mais inaliénable et indestructible, et surtout inconciliable avec cette souplesse résignée que le gouvernement absolu ou consultatif est réduit à exiger des plus élevés de ses serviteurs. Le plaisir naturel du commandement, l'attrait qu'il peut avoir pour les grandes âmes, disparaissent aussitôt qu'il est avéré que les apparences du commandement ne servent qu'à voiler la réalité de l'obéissance. Dans le régime consultatif, dont nous avons supposé l'existence, les ministres mêmes ne sont pas, comme dans le régime parlementaire, les chefs puissants d'un grand parti qui les a portés au pouvoir et qui les y conserve, mais les agents choisis par le souverain pour exécuter ses volontés. Ce n'est pas leur politique qu'ils appliquent, mais la sienne ; ce n'est pas à la nation ou à un parti qu'ils ont affaire, mais à lui seul, et dans toute circonstance ils n'ont d'autre alternative que d'obéir ou de sortir. Le talent que la nature a doublé de fierté trouve un troisième parti à prendre : celui de ne pas entrer.

On doit s'attendre alors, dans la supposition que nous avons faite, à voir le plus singulier et le plus instructif des spectacles : celui d'un gouvernement s'épuisant à la recherche du talent et ne pouvant le rencontrer parce qu'il le lui faut séparé de l'indépendance. Une intelligence élevée accompagnée d'une âme docile, le don de commander joint à la passion d'obéir, voilà l'étrange objet de ses recherches, voilà les contradictions vivantes qu'il lui faut à tout prix découvrir. Il n'y réussit guère, et qu'arrive-t-il alors ? C'est qu'obligé de prendre un parti et pouvant plutôt à la rigueur languir en se passant du talent que se briser pour faire place à l'indépendance, il est réduit à des choix qui augmentent sa faiblesse, à des exclusions qui accroissent ses périls. En effet, choisir, même malgré soi, les plus médiocres et écarter, même à contre-cœur, les plus capables, qu'est-ce autre chose que de charger les deux plateaux d'une balance jusqu'à ce que le plus lourd finisse par l'emporter? Il ne s'agit pas même ici d'objets inertes qui n'agissent que par leur poids; il s'agit de forces spirituelles que le besoin d'activité dévore. On pourrait donc comparer cette forme de gouvernement à une place de plus en plus resserrée, réduite à n'admettre que des invalides parmi ses défenseurs, et voyant rôder autour de ses murs de vigoureux ennemis dont le nombre augmente sans cesse. On leur fait bien signe d'entrer en amis dans la place, on leur crie qu'ils s'y trouveraient bien ; mais la porte leur paraît trop basse, et plutôt que de se courber à ce point pour y passer, ils emploieraient le fer et le feu pour l'agrandir. Voilà quelle serait dans notre hypothèse l'inévitable fin, à défaut de toute autre, du gouvernement absolu ou consultatif, s'il prétendait jamais s'établir ou subsister en pleine paix dans une société civilisée. En admettant qu'il évitât toute faute capable de hâter sa ruine, il périrait ainsi par la force même des choses, par la seule application d'une des plus admirables et des plus simples lois de la nature, qui ne sait pas se plier aux intérêts des pervers ou aux calculs des sots, et à laquelle il a plu d'ordonner une fois pour toutes que le talent et la fierté d'un côté, la platitude et la médiocrité de l'autre, iraient le plus souvent de compagnie. Voilà donc la leçon, disons mieux, voilà l'expiation que l'Ordonnateur invisible et incompréhensible du monde a préparée contre ceux qui, en essayant de priver les nations de leur liberté sans porter atteinte à leur grandeur, tenteraient follement de renverser une de ses lois les plus hautes et d'avilir le plus beau de ses ouvrages.

Détournons les yeux de ces tristes hypothèses et examinons rapidement si le gouvernement parlementaire peut se prêter sans se rompre aux efforts de cette ambition légitime qui ne peut pénétrer dans le régime consultatif sans s'avilir elle-même ou sans le faire éclater. Il suffit d'un instant d'attention pour reconnaître que l'essence même du gouvernement parlementaire c'est d'ouvrir à l'ambition aidée du talent et aspirant au pouvoir un chemin si large et si droit qu'on peut s'y engager sans s'alléger de sa conscience, et qu'on peut le suivre jusqu'au bout sans rien perdre de ce qui assure aux hommes publics l'estime générale et leur propre estime. Que faut-il, en effet, pour arriver au faîte de ce gouvernement et pour jouir, dans les limites des lois et au profit de ses idées, non pas de l'ombre, mais de la réalité du pouvoir? Il suffit d'être avec persévérance et avec succès le représentant d'une idée juste qu'à de certains moments le cours des événements et la faveur de l'opinion rendent prépondérante. Vous êtes alors le maître, non point parce que vous aurez surpris la pensée ou flatté le caprice de quelqu'un, mais parce qu'à la face du jour et par la force de la raison vous aurez convaincu tout le monde. Ce pouvoir a souvent coûté de grands efforts, mais vous ne l'avez payé d'aucun sacrifice dont vous ayez à rougir. Vous le devez pour moitié à votre talent et pour moitié aux circonstances qui vous ont rendu ce jour-là plus nécessaire qu'un autre aux affaires du pays, qui vous ont fait paraître ce jour-là plus capable qu'un autre de le bien servir. Ce que la persuasion vous a donné, la persuasion vous le conserve, et vous avez le droit de ressentir un légitime orgueil lorsque, attaqué par vos adversaires, vous avez obtenu contre eux l'approbation d'une assemblée libre. Richelieu pouvait être heureux et fier lorsqu'il sortait vainqueur du cabinet de Louis XIII à la fin de la *Journée des dupes*, et qu'il avait remis la main sur le faible esprit de son maître, un moment révolté. Autre chose, pourtant, est la joie et la fierté du chef d'un gouvernement responsable qui vient de l'emporter dans une assemblée libre, après une discussion digne du pouvoir qui en est l'enjeu et des grands intérêts de la nation qui l'écoute. Il vous serait plus commode, à coup sûr,

de persuader un seul homme en tête-à-tête que d'avoir raison
contre vos adversaires devant plusieurs centaines d'égaux,
qui ce jour-là deviennent vos juges. Entre ces deux sortes de
plaisirs, entre ces deux genres de gloire, tout homme peut
choisir selon la générosité de son âme, et c'est en déclarant
ce qu'il préfère qu'il montre ce qu'il vaut.

Ce pouvoir une fois conquis est-il, comme on le prétend,
trop faible pour défendre la société, trop précaire pour qu'on
puisse en jouir avec sécurité et s'en servir avec profit pour
la nation? Si le pouvoir d'un ministre responsable devant
une assemblée et devant l'opinion était trop faible et trop
précaire, que faudrait-il dire du pouvoir d'un ministre sou-
mis exclusivement à la volonté d'un seul homme? Mais il ne
faut pas un grand effort pour comprendre qu'un ministère
responsable, investi de la confiance du Parlement et du pays,
jouit du pouvoir le plus complet et exerce l'autorité la plus
large qui puisse se concilier dans les temps modernes avec
le respect des droits généraux d'une société libre. Si ce
ministère ne se soutient qu'à la condition d'avoir pour lui
la majorité du Parlement et l'assentiment du pays, cette
condition de son existence une fois remplie, il n'est rien qui
soit en dehors de son action ou au-dessus de ses forces. Non-
seulement les affaires intérieures et extérieures du pays sont
dans sa main, non-seulement il a l'autorité nécessaire pour
exécuter les lois, mais il a l'ascendant qui permet de les
faire; puisque le jour où le droit de prendre quelque mesure
importante lui est refusé, il disparaît pour faire place à des
rivaux plus écoutés, et, par conséquent, plus puissants que
lui. L'admirable caractère de l'autorité ministérielle dans le
gouvernement parlementaire, c'est qu'elle se déplace sans
secousse pour aller du côté où est la puissance réelle, comme
l'ombre suit le corps; c'est qu'en passant d'une façon régulière
des vaincus aux vainqueurs, elle n'est jamais exposée à se
trouver séparée de la force qui la rend efficace et respectée.
Privée accidentellement de cette force dans les mains qui la

détiennent, elle s'échappe aussitôt pour aller chercher cette force où elle se trouve, et pour lui donner la consécration aussi bien que les instruments du pouvoir. Rétablie dans ses conditions naturelles, réunie de nouveau à la force qui s'était un instant éloignée d'elle et qu'elle s'est empressée de rejoindre, l'autorité ministérielle se retrouve en d'autres mains aussi efficace qu'elle l'était la veille et amplement suffisante pour la conduite des affaires publiques. Loin donc de prétendre que cette autorité est nécessairement faible parce qu'elle est mobile, il faut mettre au rang de ses plus grands avantages cette mobilité même, qui l'empêche de languir plus d'un jour entre des mains affaiblies et qui ne permet pas que l'apparence et la réalité du pouvoir soient séparées plus d'un instant.

Si l'autorité ministérielle est suffisante pour assurer le gouvernement du pays, elle ne peut, en aucun cas, devenir tyrannique, puisqu'elle est attentivement surveillée et sévèrement contenue par une rivalité incessante entre ceux qui la possèdent et ceux qui la désirent. Le ministère doit agir et parler sous les yeux d'une opposition jalouse dont l'intérêt est de le prendre en faute afin de lui succéder. De là ces interpellations fréquentes ; de là ces discussions renouvelées, de là enfin ce contrôle perpétuel qui fait la vie et le mouvement des assemblées libres. Nous touchons ici au ressort le plus important du gouvernement parlementaire, et, si l'on en croit ses détracteurs ; à son plus grave inconvénient. Avant de déclarer cet inconvénient intolérable, il faut savoir s'il n'est pas nécessaire, c'est-à-dire si on peut le supprimer sans tomber dans un inconvénient moins tolérable encore. La guerre des portefeuilles, comme vous l'appelez, vous importune ; que penseriez-vous du défaut de contrôle ? — Mais on peut, dites-vous, supprimer cette guerre sans abolir ce contrôle, et faire critiquer les fautes des ministres par d'honnêtes gens qui n'auraient pas l'ambition de les remplacer, soit que leur vertu les empêchât d'en sentir l'envie, soit que la Constitution leur interdît d'en former l'espérance. — La raison, à défaut de l'expérience, suffirait pour mettre en lumière la fausseté de toute théorie politique qui suppose l'existence et exige le concours de l'ambition désintéressée. Vouloir que l'autorité soit efficacement contrôlée et par là même guidée par des hommes qui seraient incapables de l'exercer ou auxquels il serait défendu de la saisir, c'est chercher une transaction chimérique entre le régime absolu et le régime parlementaire. Tout se refuse à un accommodement de ce genre, et la nature des choses s'y prête aussi peu que la nature humaine. La charité chrétienne fait des merveilles dans le monde; mais la plus étonnante, peut-être, de ces merveilles serait de voir les membres les plus éminents d'une grande assemblée contrôler par leurs critiques, soutenir de leurs conseils et guider par leurs avis des hommes dont ils ne pourraient ni hâter la chute, ni recueillir l'héritage. Le découragement et l'absence de contrôle seraient les conséquences d'une situation si peu raisonnable, si elle pouvait durer; mais, alors même que les assemblées compteraient un certain nombre de ces conseillers capables, désintéressés et exclusivement dévoués au succès d'autrui, la nation ne pourrait supporter longtemps un spectacle si parfaitement ridicule; elle ne pourrait surtout comprendre pourquoi ceux qui la conseillent le mieux ne seraient point appelés à la servir; elle ne sentirait en aucune manière l'incompréhensible avantage de maintenir la supériorité dans l'opposition et l'infériorité dans le pouvoir. Enfin, il nous est impossible de concevoir comment on pourrait rendre l'existence du ministère indépendante du déplacement de la majorité sans anéantir l'autorité du Parlement et sans détruire le principal ressort du gouvernement libre chez les nations modernes. D'un autre côté, si conquérir la majorité c'est conquérir le ministère, qui peut borner en cette matière les efforts de l'ambition la plus légitime? qui peut empêcher tous ceux qui ont la force de le tenter et l'espoir d'y réussir, de chercher à déplacer la majorité pour arriver au pouvoir? Il faut donc, de toute nécessité, que les nations choisissent entre la guerre des portefeuilles avec ses inconvénients et le régime consultatif avec ses conséquences. Mais, tandis que nul effort humain ne peut empêcher le régime consultatif ou absolu de produire toutes ses conséquences, la guerre des portefeuilles peut être contenue dans de telles limites qu'elle rende de grands services à la nation sans devenir dangereuse pour son repos ou funeste à ses intérêts.

Il est inutile de démontrer qu'en assurant un accès régulier vers le pouvoir à l'ambition des hommes et aux mouvements de l'opinion, la guerre des portefeuilles a le double avantage d'employer et de contenir deux forces redoutables et tôt ou tard fatales à tout gouvernement qui ne leur a point ménagé leur place et qui n'en a pas réglé le jeu. Cependant, cette lutte incessante autour du ministère est nécessairement accompagnée d'intrigues, de coalitions, de manœuvres de toutes sortes, qui peuvent parfois déplacer dans le sein du Parlement la majorité et le pouvoir sans que ce changement soit conforme à l'intérêt ou au vœu du public. Comment rétablir alors, entre le Parlement et le public, un accord si nécessaire, lorsqu'on a quelque raison de croire que cet accord est troublé? Si l'on peut légitimement douter que le Parlement ait été l'organe de la nation, lorsqu'il a voulu faire prévaloir telle opinion ou faire passer l'autorité de telle main dans une autre, comment trancher une question si importante dans un gouvernement libre, puisque l'essence même de ce gouvernement est de porter et de maintenir au pouvoir les hommes que le public soutient et les opinions qu'il approuve?

Deux juges sont ici nécessaires : l'un, qui tranche le fond de la question et qui en décide en dernier ressort; l'autre, qui décide seulement que la question existe et qu'il y a lieu de la poser. Quant au juge qui tranche le fond de la question, ce ne peut-être que la nation elle-même, mise en demeure de se prononcer par des élections nouvelles sur la conduite

de ses représentants. Quel sera l'autre juge? Où sera le spectateur impartial qui, ayant des doutes sur l'accord du Parlement avec le public, aura le droit de renvoyer l'un devant l'autre pour rétablir cet accord ou pour le contaster? Grave question, à laquelle la république n'a fait jusqu'ici aucune bonne réponse et que la monarchie constitutionnelle a pour attribution principale de résoudre. Le droit de dissolution est à la fois la plus haute prérogative du pouvoir royal et le tempérament le plus indispensable des inconvénients inséparables du régime parlementaire. L'exercice de ce droit peut être souverainement utile à la nation, puisqu'il peut seul prévenir ou abréger, entre le Parlement et public, un dissentiment qui ferait courir à l'ordre ou à la liberté les plus grands périls; l'exercice de ce droit ne peut jamais devenir un sujet d'alarme pour personne, puisqu'il n'a d'autre effet que de provoquer un jugement qui doit entraîner aussitôt la soumission de tout le monde. C'est donc avant tout un instrument d'ordre et de paix; on ne peut y voir sans aveuglement un danger ou une menace pour la liberté. Nous avons donc peine à imaginer qu'un esprit libéral puisse garder quelque préjugé contre la monarchie constitutionnelle, si l'on comprend, comme nous, son rôle inoffensif et salutaire dans un gouvernement libre: si l'on considère le droit de dissolution comme le premier et comme le plus réel de ses droits; si on la voit enfin, comme nous, principalement pour ne pas dire uniquement occupée à vérifier et à maintenir l'accord du ministère avec le Parlement et l'accord du Parlement avec le public. Remettre au pouvoir royal le droit de nommer les ministres et de dissoudre le Parlement en vue de maintenir ce double accord, est-ce donc autre chose que de lui donner les moyens d'accomplir régulièrement le plus utile et le plus important de ses devoirs?

Nous dirions volontiers son seul devoir, tant celui-là nous paraît comprendre tous les autres, tant il est dangereux de songer à l'agrandir. Et pourquoi songerait-on à l'agrandir?

Quel est l'esprit si puissant, quelle est l'âme si superbe qui ait
e droit de déclarer au-dessous de sa dignité ce rôle admirable et bienfaisant de modérateur suprême d'un peuple libre ?
Certes, il y a de la grandeur à devenir, par le talent et la volonté, le chef d'un parti, à saisir et à garder l'autorité au milieu de rivaux habiles, à l'exercer avec éclat et à attacher son
nom à quelque belle page de l'histoire de son pays. Cependant, n'est-il pas plus glorieux encore d'assister à ces luttes
ardentes, non pas en rival intéressé, non pas en spectateur
indifférent, mais comme le protecteur éclairé et vigilant de la
paix publique, comme le représentant impartial et respecté
de l'intérêt national? N'est-ce donc rien pour une âme géné-
reuse que d'avoir le droit de se dire : « Je suis le gardien de
« l'ordre et de la liberté chez un grand peuple. En ouvrant
« l'arène aux partis, en leur permettant de se disputer le
« pouvoir, il a voulu mettre à l'abri de leur aveuglement ou
« de leur obstination sa sûreté et sa grandeur; il m'a donc
« chargé d'empêcher que ce pouvoir pût être tourné contre
« lui-même, détenu ou employé contre ses vœux. Il m'a élevé
« au-dessus de cette arène et il m'a dit : — Surveille-la en
« mon nom, mais garde-toi d'y descendre? ne mêle point ton
« autorité aux luttes des partis; ne la compromets point dans
« leurs fautes, j'ai besoin qu'elle reste intacte et que tu en
« fasses, lorsqu'il le faut, un usage plus noble et plus salu-
« taire. Je veux que les partis me gouvernent, mais je ne veux
« pas qu'ils m'oppriment. Tu feras donc en sorte que les
« dépositaires de ton pouvoir ne le retiennent pas contre le
« gré de mes représentants et que le vœu de ces derniers
« ne soit point corrompu par la peur ou par l'intrigue. Si tu
« crois que le cours du temps, ou la force des événements,
« ou l'ardeur de la lutte a fait perdre à mes représentants
« l'esprit dans lequel je les ai nommés, ou a changé mon
« propre esprit, appelle-moi aussitôt, fais-moi juge dans ma
« propre cause et je ne souffrirai pas qu'on t'oblige en mon
« nom à méconnaître mon désir ou à trahir mes intérêts. —

« J'ai accepté ce grand devoir et je mets toute ma conscience
« à le bien remplir. Parmi les élus de la nation, je n'appelle
« et je ne repousse personne ; je tends une main loyale à
« ceux qu'elle élève à mes côtés ; mais je ne cesse jamais
« d'écouter sa voix, de tendre l'oreille à son moindre mur-
« mure, et, alors même qu'elle se tait, j'observe son attitude
« et je cherche à pénétrer sa pensée, afin qu'il ne puisse
« se former aucun nuage entre la volonté qu'on lui prête et
« sa volonté véritable. Assurée du maintien de ses droits et
« de l'accomplissement de ses vœux, elle obéit aux lois, elle
« respecte les pouvoirs publics, elle jouit en sécurité de tous
« les biens que lui a départis le ciel ou qu'elle doit à son cou-
« rage, et elle me récompense de mes efforts par la confiance
« dont elle m'entoure, par le consolant spectacle du repos
« que je lui assure et de la liberté que je lui conserve. » Heureux celui qui peut se rendre un pareil témoignage si la pos-
térité le confirme ; heureuse la nation qui a rencontré un souverain honnête homme, capable de sentir la grandeur d'un
tel rôle, jaloux d'acquérir cette gloire pure et bienfaisante.

Mais cette gloire, il n'est pas donné à tout le monde de
s'en contenter ; il faut une âme royale ou un esprit vraiment
élevé pour la comprendre : un esprit fin n'y suffit pas. Bien
au contraire ; le besoin d'activité, la confiance en soi-même,
l'art de manier les hommes, le don de la persuasion, cent
autres qualités heureuses et utiles chez un chef de parti,
peuvent devenir fatales à un souverain constitutionnel, si
l'intelligence de son devoir et la volonté de le bien remplir
ne dominent pas en lui tout le reste. S'il est trop convaincu
qu'il a raison, s'il prend un trop vif plaisir à le persuader aux
autres, il trouvera des hommes qui ne demanderont pas
mieux que de se laisser convaincre et que de se laisser conduire ; dès ce jour, le système parlementaire courra le risque
d'être faussé dans son application et dépouillé de ses plus
grands avantages. Ce ne seront plus, en effet, les ministres
qui gouverneront au nom du roi, ce sera le roi qui gouver-

nera sous le nom de ses ministres. Le gouvernement personnel sera introduit au milieu du gouvernement parlementaire, et, comme une plante parasite, il ne peut manquer d'en disjoindre les assises et d'en ébranler peu à peu les fondements. Il est inévitable, en effet, que le souverain, jaloux de persuader et de gouverner ses ministres, s'habitue à préférer, parmi les chefs de parti que le déplacement des majorités porte au pouvoir, ceux d'entre eux qui s'éloignent le moins de ses opinions ou qui lui montrent le plus de condescendance. Cette préférence une fois connue et l'influence royale une fois mise au service des doctrines ou des hommes les plus agréables au souverain, le gouvernement parlementaire est blessé dans son principe et menacé de plusieurs façons dans son existence. Il faut bien mal connaître la nature humaine pour supposer que les partis et les hommes qui se disputent le pouvoir puissent voir avec résignation le terrain du combat se déplacer et l'accès du ministère devenir, toutes choses égales d'ailleurs, plus difficile pour eux que pour leurs adversaires. Si cette difficulté augmente avec le temps, si elle devient presque insurmontable, ceux dont elle blesse les opinions et les intérêts inclineront aux partis extrêmes, ils emploieront des moyens désespérés pour rétablir le jeu troublé des institutions et pour repousser l'autorité royale dans ses justes limites. Cette résolution de leur part sera d'autant plus dangereuse que l'autorité royale se sera affaiblie dans l'opinion en même temps et par cela même qu'elle se sera fortifiée dans les affaires. On ne peut rechercher les avantages du pouvoir sans en accepter les charges; on ne peut jouer le rôle d'un premier ministre sans en courir les périls; en un mot, le risque de l'impopularité est l'accompagnement et le prix de l'influence. Quel ébranlement de la Constitution, quelle situation pénible pour le souverain, le jour où l'opinion qu'il aura notoirement soutenue, où les hommes qu'il aura ouvertement préférés deviendront impopulaires ! S'il veut les maintenir au pouvoir malgré le vœu de la nation, il faut qu'il anéantisse le gouvernement parlementaire par la force ou par la ruse, et qu'il le remplace, au risque d'une révolution, par le régime consultatif ou absolu. S'il cède, au contraire, au mouvement de l'opinion, il a laissé vaincre et humilier en sa personne et chez ses amis cette autorité suprême qu'il a compromise dans la lutte des partis et qu'il avait reçue de la nation pour un plus noble usage. Sa défaite ne serait pas même la fin de ses épreuves, car la défiance du public survivrait à sa victoire, et, après une lutte de ce genre, le gouvernement parlementaire, qui repose surtout sur la bonne foi du souverain et sur la confiance de la nation, aurait reçu une incurable atteinte. Homère nous raconte que Vénus s'étant imprudemment mêlée aux combats des Grecs et des Troyens, en sortit ensanglantée. Cette fable charmante est l'inévitable histoire du gouvernement personnel ; si l'autorité royale descend dans l'arène des partis, elle ne peut s'en tirer sans blessure.

Qu'on le remarque bien, il n'est pas nécessaire, pour faire produire au gouvernement personnel ces funestes conséquences, qu'il se proclame hautement par des actes illégaux et qu'il jette un défi à la nation : il suffit qu'il existe et qu'il s'avoue ; il suffit qu'on ne puisse se méprendre sur son existence, et qu'il se fasse sentir soit dans le langage des agents du pouvoir, soit dans les influences exercées sur le Parlement, soit dans les élections qui le renouvellent. A vrai dire, ce n'est pas tant l'exercice du gouvernement personnel qui est à redouter, ni même son existence, que l'opinion une fois répandue qu'il existe, et qu'en ayant affaire à telle doctrine ou à tels hommes, on a en face de soi le souverain lui-même. Cette opinion une fois bien établie, tout est compromis sinon perdu ; car la nation, croyant saisir la main du souverain dans le jeu et dans la composition même des pouvoirs publics, n'a plus en eux la même confiance. Que sert-il au souverain et aux ministres de son choix qui l'entourent d'avoir la majorité dans le Parlement, si l'on sait, à n'en pouvoir douter, que le souverain fait tous ses efforts pour maintenir cette majorité, parce qu'il veut garder ses ministres? Dans cette situation, le respect du pays pour ses représentants s'altère, surtout s'ils sont nommés par un assez petit nombre de citoyens, et s'ils comptent dans leurs rangs assez de fonctionnaires pour que l'on puisse légitimement soupçonner l'influence royale de n'être étrangère ni à leur élection ni à leur conduite. Loin donc d'être couvert par le concours du Parlement, le gouvernement personnel compromet le Parlement lui-même et l'enveloppe dans son impopularité. Il n'est pas besoin alors d'une tentative de coup d'État, d'un acte de fanatisme ou de folie, il suffit d'un accident pour emporter à la fois et le souverain qui a voulu gouverner, et les ministres qu'il a préférés, et le Parlement qui a bien voulu le souffrir. En un mot, pour faire sortir une révolution du gouvernement personnel, des ordonnances ne sont pas indispensables, des préférences suffisent. On peut choisir entre ces deux moyens de tomber : le second est le plus long, mais il n'est pas le moins sûr.

Voilà le plus grand danger que le gouvernement parlementaire puisse courir dans notre pays. Les traditions de notre histoire, l'impatience de notre esprit, notre goût pour la franchise et les situations nettes, tout semble engager le souverain à mettre la main au gouvernement et à se montrer plutôt l'arbitre des destinées du pays que le gardien de ses libertés. S'il cède pourtant à ces avances trompeuses, s'il se laisse aller à gouverner, la nation, qui a semblé d'abord l'y encourager, le prend au mot, le dépouille de son inviolabilité en raison même de son pouvoir, et s'habitue bientôt à le traiter en ministre responsable ; c'en est fait alors de la monarchie constitutionnelle, et nous ne savons que trop qu'elle peut entraîner l'ordre et la liberté dans sa chute.

Le danger du gouvernement personnel une fois écarté, il peut en rester d'autres, et la sagesse du souverain peut être rendue inutile par une situation ou par des circonstances indépendantes de sa conduite. Une dynastie impopulaire, par exemple, qu'elle ait ou non mérité son impopularité, rencontrerait des obstacles presque insurmontables pour fonder et pour maintenir le gouvernement parlementaire ; sa loyauté serait impuissante à rassurer des esprits prévenus, et les agitateurs trouveraient toujours dans la profonde défiance des populations un point d'appui pour leurs attaques. Les peuples, nous le savons par expérience, pardonnent tout à ceux qu'ils aiment, et font tourner contre eux ceux qu'ils n'aiment pas jusqu'à leurs propres mérites. Il importe peu que cet éloignement soit injuste et déraisonnable ; il suffit qu'il existe pour ajouter une difficulté nouvelle et considérable à l'établissement et au maintien déjà si laborieux du gouvernement parlementaire. D'un autre côté, ce n'est pas un paradoxe que d'affirmer qu'une dynastie trop populaire n'est pas éminemment propre à fonder et à conduire ce genre de gouvernement. Trop assurée de sa popularité, trop tranquille sur son avenir, trop confiante dans l'appui des masses, elle aurait grand'peine à se contenir dans de justes limites et à ne point porter la main sur un pouvoir dont le peuple ne se montrerait point assez jaloux. Si l'on suppose, au contraire, à la tête de ce gouvernement une dynastie qui ne soit point odieuse aux populations, mais qui ne leur soit pas non plus trop chère, qui n'ait à combattre aucun préjugé, mais qui ne puisse compter sur une trop grande indulgence ; qui n'ait pas à craindre l'hostilité particulière et incurable d'aucune classe de la nation, mais qui soit intéressée à les contenter toutes et à rechercher leur appui, on aurait toutes les chances favorables de voir cette dynastie régner avec vigilance et modération sur un peuple qui ne lui montrerait ni assez de défiance pour la décourager, ni assez d'abandon pour la corrompre. Mais bien qu'il soit possible de discuter en théorie ces questions de dynastie dans leur rapport avec la stabilité du gouvernement parlementaire, elles échappent le plus souvent dans la pratique à la prudence humaine, et les nations les reçoivent ordinairement toutes tranchées par la main du sort.

Un sage souverain, une dynastie modérément populaire ne suffisent pas à l'affermissement du gouvernement parlementaire, si la masse de la nation ne prend quelque intérêt au jeu de ce gouvernement et n'en comprend les avantages. Il repose sur une base étroite et fragile, s'il est comme isolé au milieu de la nation, s'il paraît être seulement l'affaire d'une classe et de la moins nombreuse, ou, ce qui serait pire encore, s'il paraît être seulement pour cette classe un moyen de faire ses affaires. Un gouvernement qui serait en butte à de semblables préjugés et que les classes populaires pourraient se représenter sous de semblables couleurs, rencontrerait dans leur sein d'abord de l'indifférence, et avec le temps de l'aversion. Tout le monde ne peut pas être ministre, tout le monde ne peut pas être député, tout le monde même, sous la Charte, ne pouvait pas être électeur ; mais il faut de toute nécessité que les ministres, les députés, les électeurs soient réellement les représentants et les défenseurs de tout le monde ; il faut surtout qu'on n'en puisse pas douter, et que le lien soit bien visible entre la nation tout entière et ceux qui parlent, votent ou agissent en son nom. L'extension du droit de suffrage est un premier moyen de rattacher l'ensemble de la nation au gouvernement parlementaire et de l'intéresser ainsi au maintien d'une Constitution qui lui fait sa place. Ce moyen paraît le plus simple, et nos voisins, qui avaient douze cent mille électeurs quand nous en comptions deux cent cinquante mille, en usent encore aujourd'hui avec une sage hardiesse, bien faite pour nous donner à la fois un amer regret et une utile leçon. Mais ce moyen n'est pas le seul, et si on l'emploie tout seul, il est inefficace. On a vu, en effet, le curieux exemple d'assemblées que tout le monde nomme et auxquelles personne ne s'intéresse. Ce n'est pas surtout, à vrai dire, le mode d'élection des assemblées représentatives qui établit d'intimes rapports entre elles et l'ensemble de la nation. Leur composition, leurs attributions et leur conduite, voilà plutôt ce qui les unit aux classes populaires ou ce qui les en sépare, au grand péril du gouvernement parlementaire. Si la Constitution enferme l'action de ces assemblées dans des limites trop étroites, elles n'échappent pas dans l'esprit du peuple au mépris qui accompagne l'impuissance ; si elles comptent trop de fonctionnaires intéressés à bien vivre avec le pouvoir, la dépendance volontaire dont le peuple accuse ces sortes d'assemblées les rend plus méprisables encore à ses yeux que ne le ferait leur impuissance légale ; si enfin leurs mesures paraissent dictées par l'intérêt d'une classe plutôt que par l'intérêt national ; si elles peuvent être accusées avec quelque vraisemblance d'être moins préoccupées du bien général et de l'honneur du pays que de la satisfaction de la classe dont elles sortent ou qui les a choisies, ces assemblées deviennent odieuses à la multitude, et, loin de les regarder comme une garantie pour sa liberté et comme une protection pour ses intérêts, elle confond bientôt tous les pouvoirs publics dans un même sentiment de défiance et de haine ; elle les croit tous ligués pour jouer une sorte de comédie dont le seul but est de la contenir et de l'exploiter.

Ce préjugé, trop facile à éveiller dans l'esprit populaire et les mauvais sentiments qui en découlent, doivent être mis au nombre des plus graves dangers qui puissent menacer le gouvernement parlementaire et le livrer affaibli aux envahissements du pouvoir ou aux entreprises des agitateurs. N'oublions pas surtout qu'il ne suffit point, pour conjurer ce péril, d'étendre et même de prodiguer le droit de suffrage ; il faut quelque chose de plus : il faut convaincre le peuple par des actes plutôt que par des paroles, non-seulement de l'indépendance et du désintéressement de ses représentants, mais de leur active sollicitude pour ses intérêts, de leur impartialité à l'égard de toutes les classes dont la nation se compose ; et s'ils paraissent incliner d'un côté, que ce soit du côté de ceux-là mêmes que leur ignorance et leur pauvreté rendent dignes d'une protection particulière dans le grand conseil du pays. En un mot, le gouvernement parlementaire repose sur le sable, si le Parlement n'est pas également accepté par toutes les classes de la nation comme un représentant légitime et comme un loyal défenseur.

On doit remarquer que parmi les diverses conditions dont l'accomplissement nous paraît indispensable au maintien du gouvernement parlementaire, il n'en est aucune qu'il nous soit impossible de remplir, et que parmi les fautes qui peuvent le perdre, il n'en est aucune qu'il nous soit impossible d'éviter. La sagesse du souverain; l'exécution intelligente et sincère du pacte constitutionnel, l'accès du pouvoir rendu facile à tout parti qui prévaut dans l'opinion, l'établissement d'une confiance mutuelle entre le Parlement et les diverses classes de la nation, il n'y a rien dans tout cela qui soit au-dessus de nos efforts ou contraire à nos traditions et à notre génie. Nous entendons cependant prétendre tous les jours que nous ne sommes point faits pour ce genre de gouvernement, et que certaines causes plus fortes que notre volonté le feront sans cesse éclater entre nos mains. Selon les uns, le gouvernement parlementaire ne peut subsister sans une aristocratie que la France ne possède plus, et que d'ailleurs elle ne pourrait souffrir; selon les autres, il ne peut fonctionner au milieu d'une centralisation administrative exagérée peut-être, mais nécessaire à nos habitudes et entrée dans nos mœurs. Enfin, selon le plus grand nombre de ses contradicteurs, le gouvernement parlementaire offre à l'esprit révolutionnaire trop de moyens efficaces d'ébranler le pouvoir et de menacer la société.

Si le gouvernement parlementaire ne pouvait réellement subsister sans une aristocratie, la question serait tranchée pour notre pays, car on n'y saurait tenter une entreprise plus chimérique que d'y relever l'ancienne aristocratie ou que d'en instituer une nouvelle et de la charger d'un rôle important dans l'Etat. C'est un malheur si l'on veut, mais un malheur irréparable que cet affaiblissement, disons mieux, que cette disparition de l'aristocratie française considérée, bien entendu, comme corps politique et comme moyen de gouvernement. Peut-être ce malheur pouvait-il être évité, peut-être l'aristocratie serait-elle devenue populaire et aurait-elle subsisté parmi nous si on l'eût trouvée plus souvent du côté des libertés publiques, si elle se fût montrée moins inséparable du trône et plus unie à la nation, si elle eût été, comme la noblesse anglaise en 1688, parmi les vainqueurs et non parmi les vaincus de 1830. Qui sait cependant si la sagesse la plus courageuse, si le patriotisme le plus éclairé auraient suffi à préserver parmi nous l'aristocratie contre les instincts d'égalité si fortement établis dans nos âmes ? Quoi qu'il en soit, il s'agit ici d'un de ces faits accomplis sur lesquels aucune puissance humaine ne peut revenir, et il est incontestable que si le gouvernement parlementaire ne peut se maintenir sans que l'aristocratie ne forme parmi nous un corps politique et ne joue un rôle important dans nos affaires, la France ne peut se plier à cette forme de gouvernement ni remplir la condition qu'on attache ainsi à son existence. Mais est-il vrai que cette condition soit indispensable, et que nous ne puissions conserver le gouvernement parlementaire qu'en lui sacrifiant nos principes et nos besoins d'égalité ? En supposant d'abord que la monarchie constitutionnelle ne pût, en effet, se passer du concours d'une aristocratie fortement organisée, cette condition, inexécutable pour nous, n'aurait point pour résultat de nous réduire au gouvernement absolu ou consultatif ; elle ne nous interdirait pas d'adopter la forme républicaine, forme moins avantageuse et moins solide à nos yeux, mais encore très-acceptable, du gouvernement parlementaire. Mais il n'est nullement exact de prétendre que nous ne puissions maintenir la monarchie constitutionnelle qu'au prix de l'égalité. Nous avons prouvé le contraire pendant une bonne partie de ce siècle ; nos voisins de Belgique prouvent encore aujourd'hui le contraire; et l'Angleterre elle-même, conduite, mais non pas entraînée par l'esprit des temps modernes, voit se restreindre chaque jour l'influence politique de son aristocratie, sans que la monarchie constitutionnelle en soit ébranlée. Chaque peuple a son aristocratie naturelle, conforme à son génie et à son état social, et les éléments d'une chambre haute ne font jamais défaut aux nations qui ont besoin de la former. Quant à la puissance de ces assemblées relativement aristocratiques qui sont nécessaires à la monarchie constitutionnelle, quant aux racines qu'elles peuvent jeter dans le pays, quant à la popularité qu'elles peuvent atteindre, ce n'est pas tant leur composition que leur conduite qui en décide. Qu'elles soient de temps à autre les véritables interprètes du sentiment national ; qu'elles ne partagent pas telle ou telle faute du pouvoir, tel ou tel égarement de l'autre chambre ; en un mot, qu'elles saisissent, lorsqu'elles le peuvent, l'occasion d'avoir raison avec quelque éclat et de bien faire avec quelque énergie, et l'opinion, habituée à compter sur elles, leur donnera bientôt assez de force pour qu'elles puissent intervenir utilement dans les plus grandes affaires du pays.

Notre centralisation administrative peut être une gêne, mais n'est pas non plus un obstacle insurmontable pour le développement du gouvernement parlementaire. Que cette centralisation soit exagérée et dangereuse, que l'administration jouisse d'un pouvoir trop étendu et d'une sorte d'inviolabilité peu compatible avec des institutions libres, que les populations aient trop peu de part à leurs affaires, que l'esprit politique des provinces soit frappé de langueur faute d'aliment et faute d'espace, c'est ce que reconnaît aujourd'hui tout esprit libéral ; et l'on est justement préoccupé de modifier ce fâcheux état de choses sans porter atteinte aux conditions d'un bon gouvernement et à ce qu'il y a d'essentiel et d'immuable dans les tendances administratives de notre pays. Mais en supposant même que nos efforts soient impuissants pour réduire le pouvoir exagéré de notre administration, loin d'être incompatible avec ce pouvoir, le gouvernement parlementaire fournit le meilleur moyen de le régler et de le contenir. La presse provinciale, rendue plus libre et délivrée surtout de l'influence funeste des annonces judiciaires, deviendrait un moyen assuré pour dénoncer les abus; la tribune qui les soumet au jugement du Parlement et du pays offre le meilleur moyen de les frapper; et la vigilance intéressée d'un ministre qui peut être sans cesse appelé à en répondre ne contribuerait pas médiocrement à les prévenir. Aucun fonctionnaire ne peut s'estimer heureux de voir le ministre duquel il relève obligé de monter à la tribune pour couvrir une de ses fautes et rentrer de là dans son cabinet pour lui renvoyer la leçon qu'il vient de recevoir. Si efficace que soit ce contrôle du Parlement sur l'administration, nous avouons qu'il ne nous contente pas encore, et que bien des réformes sont nécessaires pour assurer l'indépendance du public et la responsabilité sérieuse des fonctionnaires; mais il n'en serait pas moins injuste de ne pas voir dans une presse vraiment libre et dans un Parlement respecté, de puissantes ressources pour faire vivre en paix et marcher de compagnie le gouvernement parlementaire et la centralisation.

Serait-il vrai, enfin, que l'esprit révolutionnaire, comme on l'appelle, rendît impossible dans notre pays le jeu régulier du gouvernement parlementaire? On ne peut nier sans aveuglement qu'il existe dans notre pays, et à divers degrés dans tous les États du continent, une classe d'hommes auxquels une liberté régulière paraît la pire des servitudes, qui ne peuvent souffrir le règne des lois les plus justes, ni le poids de l'autorité la plus légère, qui dédaignent les garanties les plus sérieuses et se croient opprimés s'ils ne sont en possession du pouvoir; c'est en vain, pourtant, que vous mettez ce pouvoir lui-même à leur portée, en leur montrant qu'il suffit de prouver qu'on a raison ou de le faire croire pour l'obtenir; imbus le plus souvent des plus absurdes doctrines sur le gouvernement des hommes et sur l'organisation des sociétés, médiocres ou chimériques, ils se rendent justice en ce point qu'ils désespèrent de convaincre leurs concitoyens par la discussion, et n'aspirent qu'à les régénérer par la force. Surprendre et garder le pouvoir par la ruse ou par la violence, voilà le dernier mot de leur politique, et ils sont encouragés à s'y tenir par l'appui qu'ils espèrent rencontrer dans l'ignorance et dans les souffrances populaires, par le souvenir de succès inespérés, par le spectacle de victoires inattendues. Ils restent donc fidèles à un procédé qui leur semble sanctionné par l'expérience, et tout gouvernement, quel qu'il soit, les voit aux aguets autour de lui, l'enlaçant de leurs trames invisibles, épiant le moment favorable pour saisir le pouvoir comme une arme, et pour fondre sur la société comme sur une proie. La question n'est pas de savoir si l'on peut supprimer cette classe d'hommes ; le mal est trop profond et tient à trop de causes pour être sitôt guéri ; la vraie question est plutôt de savoir quelle est la forme de gouvernement la plus propre à les contenir et à les désarmer ; et, pour nous en tenir au sujet qui nous occupe, est-il vrai que le gouvernement parlementaire leur fasse la part plus belle et couvre moins la société contre leurs entreprises que le régime consultatif ou absolu ?

Pour répondre à cette question, il suffit de considérer que ces hommes sont en assez petit nombre, qu'assez actifs et assez audacieux pour tenir l'autorité en alerte, ils sont impuissants pour l'affronter et hors d'état de lui nuire, s'ils sont réduits à eux-mêmes contre la société presque entière et contre le gouvernement qui la représente. Il existe pourtant un moyen, mais un seul, de les rendre dangereux et de mettre le pouvoir à la merci de leurs entreprises : c'est de leur fournir un point d'appui en provoquant ou en bravant le mécontentement populaire. Si une classe entière de la société croit avoir à se plaindre de son gouvernement, s'il existe pour comble de malheur quelque grave malentendu entre le pou-

voir et la classe la plus intéressée et la plus accoutumée à le
soutenir, le jour des perturbateurs est venu ; le mécontentement populaire leur donne une armée, le malentendu leur
fournit un cri de guerre, et, la fatalité aidant, leur victoire
n'est pas impossible. Il reste à savoir quelle est la forme de
gouvernement qui peut prévenir le mieux ce mécontentement,
qui peut mieux éviter ces malentendus, qui est le plus capable, en un mot, de réduire les ennemis de l'ordre à leur impuissance naturelle, en les isolant du reste de la nation.

A coup sûr, ce n'est pas le gouvernement consultatif ou
absolu qui jouit de ce précieux privilége. Nous avons vu
qu'il est de son essence même de voir le nombre de ses ennemis s'accroître et se recruter sans cesse parmi ce qu'il y a
de plus considérable et de plus éclairé dans la nation. A cela
l'on répond que, s'il suscite contre lui plus d'adversaires
qu'aucun autre, ce gouvernement est du moins plus capable
que d'autres de se bien garder par le secret de ses mesures,
par l'étendue de son autorité, par la promptitude et par la
vigueur de ses coups. Cela revient à dire que l'on trouve
dans cette forme de gouvernement tous les avantages de
l'état de siége. Mais l'état de siége n'est pas la situation nor-
male d'une société civilisée ; c'est, au contraire, l'indice d'un
grand trouble et d'un perpétuel danger. Le gouvernement
absolu peut donc contenir pour un temps les ennemis de
l'ordre, mais sans les affaiblir ; bien au contraire, il a pour
effet naturel de leur donner des alliés involontaires et d'en
grossir le nombre ; il augmente donc et il envenime tous les
jours le mal qu'il dissimule, comme ces narcotiques qui lais-
sent bientôt revenir plus intense la douleur qu'ils ont un moment suspendue. Sous un tel régime, les perturbateurs peuvent bien ajourner, mais non pas abandonner leurs espérances ; les complots des pervers s'abritent derrière la noble
inquiétude des esprits libres et s'appuient sur le mécontentement des intérêts les plus légitimes. Est-il un plus triste spectacle que de voir les défenseurs naturels de la société ris-

quer à contre-cœur de servir d'avant-garde à ses ennemis?

Diviser pour régner est une détestable maxime des gouvernements despotiques ; mais, en prenant cette maxime dans un sens plus noble, on peut en faire la devise du gouvernement parlementaire dans sa conduite à l'égard des ennemis de l'ordre. Il les divise pour les contenir ; il les sépare par le jeu même des institutions de tout parti honnête, de toute espérance légitime ; en un mot, il les réduit à euxmêmes, ce qui équivaut à les désarmer. Constitué expressément pour ne laisser subsister aucun mécontentement grave dans les diverses classes de la population, muni de moyens réguliers pour consulter sans cesse l'opinion et pour dissiper tout malentendu entre le peuple et le pouvoir, le gouvernement parlementaire est éminemment propre à priver les ennemis de l'ordre, de l'armée et de l'occasion qui leur sont indispensables pour surprendre la victoire. L'expérience est d'accord avec la raison pour attribuer ce précieux avantage au gouvernement parlementaire ; il a vaincu plusieurs fois ses ennemis en bataille rangée dans les circonstances les plus difficiles, et c'est avec de faibles ressources militaires qu'il a remporté contre eux dans nos rues la plus triste, mais la plus glorieuse victoire de ce siècle. Et s'il a succombé deux fois devant des insurrections très-inégalement légitimes, ce n'est point pour être resté trop fidèle à ses principes, mais au contraire pour s'en être inégalement écarté, en ne tenant pas assez de compte, soit de la loi, soit de l'opinion. Expérience funeste, si l'on veut, mais qui est bien loin d'être désavantageuse au gouvernement parlementaire, puisqu'il ne s'est trouvé faible qu'en se rapprochant des pratiques du gouvernement consultatif, sans employer les mêmes moyens de salut, et qu'à son grand honneur il n'a pu devenir assez violent pour se passer sans inconvénient d'être sage.

L'exception confirme ici la règle, et aucun sophisme n'enlèvera au gouvernement parlementaire l'avantage d'être à la fois la plus forte et la plus douce sauvegarde contre l'anar-

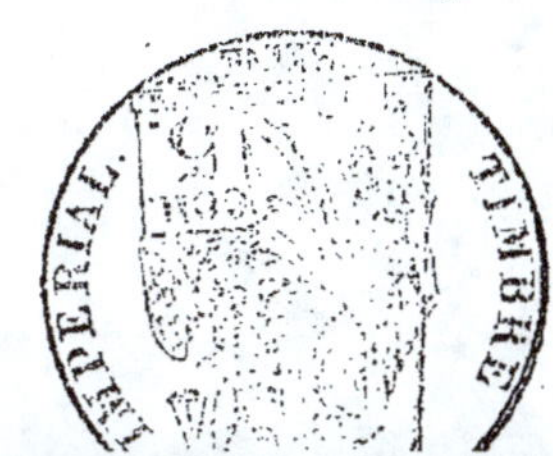

chie, en la privant de ses moyens d'action et des seuls alliés qui peuvent la faire craindre. Quel est, en effet, l'homme intelligent, quel est l'honnête homme qui peut nourrir la pensée de miner par des complots ou de renverser par la force un gouvernement loyal qui dit à tous : « Gagnez l'opinion, et je vous remets le pouvoir ? » A côté de cette grande question du gouvernement parlementaire, que deviennent nos divisions de parti, sinon de misérables nuances indignes de séparer des hommes sages et de bons citoyens ? Des élections libres, un Parlement respecté, des ministres responsables, voilà le premier de nos besoins, et le seul, à vrai dire, car tout le reste vient par surcroît ; voilà aussi le meilleur fondement de la paix publique, car une fois mis en possession de ces garanties et de ces instruments du gouvernement libre, nous considérerions comme nos pires ennemis ceux qui voudraient en troubler la jouissance ou en pervertir l'emploi. Pour nous, nous ne laisserons jamais entrer dans notre esprit la folle et coupable pensée de renverser un gouvernement qui se laisse conduire, d'ébranler un pouvoir que l'opinion fait régulièrement changer de main, dont la propriété est à la nation, dont l'usage est à tout le monde. Si, au contraire, nous devons languir dans la privation de ces grands biens ou succomber dans notre effort incessant pour les conquérir, nous envierons sans doute le sort de générations plus heureuses, et nous pourrons nous plaindre à juste titre d'être nés trop tard ou trop tôt ; mais nous trouverons quelque consolation dans le sentiment de notre indépendance, dans l'accord et dans l'estime mutuelle des gens de bien, dans le spectacle enfin des sévères leçons que l'ordre invariable du monde a toujours infligées aux puissances injustes et qu'elles ont l'habitude de se préparer de leurs propres mains.

SUR LE DÉCRET DU 24 NOVEMBRE

L'importance du décret du 24 novembre n'a échappé à personne; mais tout le monde ne se rend pas également compte des conséquences que doit avoir ce changement sur l'état du pays et sur la conduite de nos affaires. La résolution soudaine qui vient de modifier nos lois en ce qui touche les rapports des pouvoirs publics, nous a placés dans une situation nouvelle, et nous ne voulons point tarder davantage à déclarer, sans rien déguiser de nos sentiments, quels sont, à nos yeux, les nouveaux devoirs que cette situation nous impose.

Ce qui a frappé tout le monde dans le décret du 24 novembre, c'est la double intention de mettre le pouvoir législatif en rapport direct avec le pays, et de lui donner en même temps une part plus large et plus sérieuse dans la direction des affaires intérieures et extérieures de la nation. Assurer la publicité immédiate et complète des discussions d'une assemblée, c'est doubler ses forces par un contact continuel avec le public dont elle sort et avec l'opinion qui l'appuie. Lui soumettre loyalement et opportunément (c'est-à-dire avant qu'elles soient résolues ou irrévocablement engagées), les grandes affaires du pays, c'est donner à l'activité de cette assemblée son aliment naturel; c'est établir en pratique aussi bien qu'en théorie, que rien d'important ne peut désormais être accompli ni même tenté sans son concours ou du moins sans son aveu.

Mais comment doit s'exercer cette influence ? Par quelle voie les opinions de cette assemblée peuvent-elles se faire jour dans les affaires et influer sur leur conduite ? La France et, on peut le dire, l'Europe, ne connaissent jusqu'à ce jour qu'un moyen d'établir entre le pouvoir exécutif et des assemblées cette communication constante et cette influence réciproque qui sont les éléments mêmes d'un gouvernement libre : c'est l'institution d'un ministère en relations directes et perpétuelles avec les députés de la nation. Aussi, malgré la mobilité de nos esprits et la brièveté de notre mémoire, nous entendions de tous côtés le public se demander instinctivement pendant les deux ou trois jours où ces réformes étaient dans l'air : Aurons-nous un ministère ? Nous croyons pouvoir répondre en toute sûreté de conscience : Nous avons un ministère. Nous savons bien que ce ministère est comme dédoublé et que les uns feront des projets de loi que les autres viendront défendre. Les uns seront voués à l'écriture et à la délibération intérieure : les autres à l'action et à la parole publique. Cette innovation, que l'expérience jugera et qui pourrait n'être qu'un pas vers l'ancien système, est moins importante qu'on ne serait d'abord tenté de le croire. Qu'était-ce, en effet, que le ministère sous la Charte, sinon un pouvoir intermédiaire, ou plutôt un médiateur entre le chef de l'Etat et les assemblées délibérantes ? et quelqu'un a appelé excellemment les ministres, des députés du Parlement auprès de la couronne, des députés de la couronne auprès du Parlement. Cette députation mutuelle, ce pouvoir médiateur, paraît renaître aujourd'hui, puisque ministres-orateurs et ministres-délibérants se trouvent réunis au même titre autour de la même table du conseil et en rapport constant, les uns par les autres, avec le grand conseil du pays. Le dédoublement du ministère est, si l'on veut, une innovation en théorie ; il peut devenir dans la pratique une gêne pour les personnes, il ne sera jamais un embarras sérieux pour la nation.

On dit cependant : « Ce ministère n'est point responsable ; rien ne l'oblige à subir l'influence des assemblées ; la création du 24 novembre n'est donc point viable ; c'est une machine à vapeur dont le piston ne peut jouer, et, si on veut la faire marcher, il est de toute nécessité qu'elle éclate. » Ceux qui parlent ainsi ne savent point combien la responsabilité d'un ministère en rapport avec une assemblée délibérante est indépendante des lois qui la consacrent et des Constitutions qui la proclament. Elle est dans les faits eux-mêmes ; elle sort de la nature des choses. Qu'est-ce, en effet, que la responsabilité ministérielle. Est-ce le droit de mettre les ministres en accusation pour leurs fautes ? Si ce n'est que cela, c'est un droit dont la France n'a usé qu'une fois en trente ans, et à la suite d'une révolution. L'exercice de ce droit est assez rare pour qu'on ait le temps de l'attendre. Au fond, quand on parle de responsabilité, ce n'est point de celle-là qu'il s'agit. Tout le monde entend par ce mot cette responsabilité morale qui n'a été écrite dans aucune Charte, mais qui est écrite bien plus fortement dans la nature des choses, et qui fait qu'aucun ministère ne peut rester en rapport direct et constant avec une assemblée dont il n'a pas la confiance ou dont il a perdu la sympathie. Il n'est pas besoin de loi écrite pour qu'un ministère présent ou, si l'on veut, représenté dans une chambre, perde l'envie d'y rester à partir du jour où il y est froidement reçu. Que chacun en juge par soi-même. Quel est l'homme du monde qui, pour se retirer d'un salon, attend qu'on le mette à la porte. Voilà en deux mots toute la responsabilité ministérielle, la seule véritable et indispensable aux affaires, et celle-là n'était pas plus écrite dans la Charte (1) qu'elle n'est écrite dans la Constitution ac-

---

(1) « Le roi choisit les ministres, » disait la Charte. Le roi Charles X n'a fait autre chose que prendre cela au pied de la lettre, et se croyait irréprochable en imposant M. de Polignac à la France.

tuelle. Elle est écrite dans le bon sens universel et dans la force des choses ; on ne l'a méconnue formellement qu'une seule fois dans notre pays, et il a fallu pour cela un roi qui croyait recevoir des lumières d'en haut et un ministre auquel manquait l'intelligence des affaires d'ici-bas.

On dit encore : L'Empereur est responsable et cela seul rend la pratique du décret du 24 novembre impossible. » Là aussi on regarde plus aux lois écrites qu'au fait lui-même, et l'on oublie que la responsabilité de l'Empereur se trouve singulièrement diminuée dans la pratique le jour où il la partage avec un ministère et avec l'assemblée des représentants de la nation. Le bon sens public ne s'y est jamais trompé et a toujours fait du mot *responsabilité* le synonyme du mot *pouvoir*. La première de ces deux choses croît légitimement en raison de la seconde, et si le pouvoir est immense, concentré en une seule main, lourde est la responsabilité qui pèse sur une seule tête. On dit souvent que le peuple français, infidèle aux lois, a traité en agents responsables des souverains déclarés irresponsables par les Constitutions nationales. Il y a du vrai dans ce reproche ; mais si l'on regardait de plus près à ces catastrophes, on pourrait bientôt découvrir que la responsabilité du souverain ne s'est fatalement établie dans l'opinion qu'en proportion de l'influence personnelle qu'on l'accusait d'exercer dans les affaires. Cela même n'établit que plus étroitement cette relation constante et équitable entre la responsabilité et le pouvoir. Lorsqu'il a pris tout le pouvoir, l'Empereur a naturellement assumé sur lui toute la responsabilité. En revanche, il ne peut aujourd'hui se dessaisir d'une partie de son pouvoir sans se décharger d'une partie de sa responsabilité. Il n'est point besoin pour cela de décret ni d'écriture ; cela est dans la nature des choses, et l'instinct public ne s'y trompera point.

Nous croyons donc fermement que, malgré les différences aisées à signaler entre nos anciennes Constitutions et le décret du 24 novembre, la nation est mise en possession d'une véritable et juste influence sur la conduite de ses affaires. Quelle est la cause de ce grand et heureux changement? On a dit qu'en présence de l'état compliqué de nos affaires extérieures et d'une difficulté intérieure dont tout le monde sent la gravité, l'Empereur a voulu paraître engager la nation dans les événements qui peuvent survenir. Cette explication serait la vraie qu'elle ne diminuerait en rien notre satisfaction et nos espérances. S'il y a une chose au monde où *paraître* et *faire réellement* se confondent. c'est l'établissement et l'exercice de la forme de gouvernement dont nous rapproche si sensiblement le décret du 24 novembre. Si le désir d'engager la responsabilité nationale dans la situation du pays a inspiré ce décret, nul désir ne fut plus légitime, plus digne surtout d'être encouragé par l'opinion et mis à profit par le public. La nation devient responsable de ses affaires du jour où on l'appelle sérieusement à y participer : elle est responsable si elle les conduit mal, elle est plus responsable encore si elle ne les conduit pas.

Nous croyons cependant que le désir d'alléger le poids de plus en plus lourd de son pouvoir, s'il est une des causes de cette résolution de l'Empereur, n'en est point la cause principale. Il a senti qu'entouré d'une assemblée véritablement influente sur les affaires, son gouvernement aurait une autre attitude devant la France et devant l'Europe, qu'il ne serait plus accusé de vouloir troubler la paix du monde, et qu'elle serait, en effet, mieux garantie ; qu'il diminuerait du même coup notre inclination excessive à nous occuper des affaires d'autrui, et qu'il réveillerait parmi nous, en présence d'un Parlement agrandi et respecté, la noble ambition de faire nous-mêmes les nôtres. Il a été fatigué sans doute d'être plus loué qu'averti, plus servi que soutenu, et il a compris qu'il n'y avait de place suffisante pour le talent que dans les institutions qui faisaient une place suffisante à l'indépendance. Il s'est peut-être demandé pourquoi nos anciennes assemblées comptaient dans leurs rangs d'éloquents légitimistes et d'ardents républicains, sans qu'on fût alarmé de les y voir, sans qu'ils se crussent diminués en y entrant ; et du désir de fortifier la Chambre en caractère et en talent à la nécessité de la fortifier en autorité, il n'y avait qu'un pas. Ce pas a été franchi, ce n'est point qu'il n'en reste d'autres à faire ; les élections notamment nous semblent devoir attirer au plus tôt l'attention du gouvernement. Ce n'est rien que de pouvoir siéger dans la Chambre avec utilité et même avec éclat, si l'on ne peut y entrer qu'en qualité de serviteur déclaré ou d'ennemi victorieux du gouvernement. Nous ne pouvons indiquer ici aucune réforme ; mais tout le monde sent qu'une élection ne doit pas être l'exécution d'une sorte de contrat entre le ministre de l'intérieur et un candidat, ou bien, ce qui ne vaut pas mieux, le résultat d'une sorte de duel entre un citoyen indépendant et un préfet qui déclare sur tous les murs du département qu'il combat un ennemi de l'Empereur. On peut désirer enfin que certaines garanties assurées à la presse la mettent mieux en état de servir d'écho et d'appui à la tribune.

Mais ce qui a été fait le 24 novembre suffit pour obliger l'opposition libérale à se demander quel est désormais son devoir. Cette question équivaut pour nous à celle-ci : Sommes-nous d'honnêtes gens ? Quand nous avons répété sans cesse que nous mettions l'extension de nos libertés au-dessus de tout le reste, et que nous demandions avant toute chose le gouvernement de la nation par elle-même, avons-nous joué la comédie ? Espérions-nous n'être jamais écoutés, ou avions-nous résolu, si, par malheur, on écoutait nos conseils, de changer aussitôt de langage ? Quel aveu qu'un tel changement, et même, si nous aimions mieux nous taire, quel aveu que notre silence ? Que nous disait-on, en effet, tous les jours ? Que nous reprochaient ces détracteurs acharnés des institutions libres qui doivent être convertis depuis dimanche matin à des théories plus salutaires ? Nous croyons les entendre encore : ils nous dénonçaient comme d'égoïstes perturbateurs uniquement occupés à embarrasser le pouvoir, réclamant la liberté, mais ne se souciant guère de l'obtenir, et résolus à mal en user, s'ils l'obtenaient.

Nous nous révoltions contre des accusations de ce genre ; nous en appelions de notre bonne foi à la justice du pays. Le pays nous regarde aujourd'hui et est prêt à nous juger. Nous a-t-on calomniés ou a-t-on dit vrai ? Que notre conduite en décide. Mais, sachons-le bien, ne pas accepter loyalement ce que nous avons demandé, n'en pas faire un honnête usage, ce serait nous exposer à la juste sévérité de la nation.

SUR LA DISSOLUTION DU CORPS LÉGISLATIF

Nous avons dit, il y a quelques jours, pourquoi le décret du 24 novembre nous paraissait avoir une grande importance et comment il modifiait gravement, à nos yeux, les relations des pouvoirs publics et la situation générale. En voyant accepter par certains journaux (1) notre interprétation de ce décret et les réflexions dont nous l'avons accompagnée au sujet de la presse et des élections, nous avons senti s'affermir nos espérances. Il s'agit, en effet, de savoir qui a raison de nous, qui avons salué ce décret comme une démarche décisive vers le gouvernement constitutionnel, ou de ceux qui pensent que nous nous sommes trompés et qui nous raillent déjà d'une désillusion prochaine. Ces derniers et honorables contradicteurs ont bien voulu dire que Brutus n'avait pas attendu assez longtemps pour tresser une couronne civique à César(2). C'est trop flatter tout le monde. Il n'y a dans cette affaire ni César ni Brutus et encore moins de couronnes. Il n'y a ici que d'honnêtes gens surpris comme tout le monde par un événe-

(1) *Le Constitutionnel* avait reproduit intégralement l'article précédent dans son numéro du 29 novembre, en ajoutant qu'il ne pouvait résister au plaisir de le citer.

(2) *L'Union* du 29 novembre.

ment imprévu et cherchant leur devoir à la simple lumière de leur bon sens et de leur conscience.

Continuons donc à nous demander, au point de vue de l'intérêt public et dans l'esprit le plus pratique, ce qu'on peut tirer du décret du 24 novembre. Ce décret a investi le Corps-Législatif d'une puissance nouvelle. Publicité entière et immédiate de ses débats, extension de ces débats eux-mêmes par le droit d'amendement, par la discussion d'une Adresse, et surtout par la présence de ministres tenus de donner à l'Assemblée toutes les explications nécessaires, voilà le résumé du décret du 24 novembre, en ce qui concerne notre Chambre élective. Ses pouvoirs s'en trouvent tellement augmentés à nos yeux, qu'on la reconnaît à peine. Si, en effet, on lui donne plus de force dans l'opinion par la publicité des débats, ce n'est point pour que cette opinion ait peu d'influence sur les affaires ; si on lui demande une Adresse, ce n'est point pour faire le contraire de ce qu'elle aura dit ; si enfin on envoie des ministres siéger dans son sein, ce n'est point, quoi qu'on en dise, pour qu'ils y gardent leur place le jour où ils y auraient perdu leur crédit. Ou ces conséquences peuvent être légitimement déduites du décret du 24 novembre, ou ce décret ne serait qu'une suite de contradictions menant à une impasse au bout de laquelle le gouvernement se trouverait plus embarrassé encore que la nation.

Mais si ces conséquences sont légitimes, c'est, dans une certaine mesure, une Assemblée nouvelle par ses attributions qui siégera au palais législatif ; et si cette Assemblée est ainsi renouvelée dans ses attributions, ne s'ensuit-il pas qu'elle devrait être renouvelée dans ses membres ? Les raisons ne manquent pas pour le désirer, et nous les indiquerons avec une entière franchise.

Nous n'avons aucun goût pour les récriminations inutiles, et, confiants dans les élections à venir, nous ne tenons pas à insister sur les élections passées. Nous avons dit cependant, il y a quelques jours, qu'elles étaient trop souvent l'exécution d'un contrat entre le ministre de l'intérieur et un candidat, quand elles n'étaient pas le résultat d'un duel entre un citoyen indépendant et l'administration d'un département. Il serait inutile de citer sur ces deux modes d'élection, également regrettables, des exemples qui sont encore dans toutes les mémoires. Nous avons un jour mis en présence ici même les allégations d'un conseiller de Cour impériale. M. Lebeschu de Champsavin, et les protestations des fonctionnaires accusés dans cette célèbre brochure. Certes il semblait impossible que l'accusateur ou les accusés ne fussent pas gravement coupables, et qu'ils n'eussent pas à répondre les uns ou les autres, soit de leurs imputations, soit de leur conduite. L'affaire s'est pourtant terminée comme si tout le monde avait eu raison, et nous ne songeons plus à nous en plaindre ; mais nous voulons garder cependant des souvenirs du passé ce qu'il en faut pour améliorer l'avenir.

Quoi qu'il en soit, les abus de ce genre avaient d'autant moins d'importance que les attributions de la Chambre étaient plus restreintes ; mais une assemblée investie d'un pouvoir plus étendu et appelée à faire entendre sur toutes les questions, avec une autorité nouvelle, la voix du pays, doit sortir d'élections dont la sincérité ne puisse être sérieusement contestée, ni au dedans ni au dehors de nos frontières. On désire faire savoir régulièrement à l'Europe quelle est aujourd'hui l'opinion de la France sur les affaires étrangères ; quoi de plus simple et de plus juste que d'aller chercher loyalement et courageusement cette opinion au cœur même du pays ?

Les électeurs qui, au mois de juin 1857, ont nommé l'Assemblée actuelle, n'ont pu en aucune façon prévoir où en seraient les affaires au mois de janvier 1861. Depuis ce temps, la guerre d'Italie, la paix de Villafranca, le traité de commerce, les difficultés avec le Saint-Siége ont passé sur nos têtes. Pas un des représentants qui siégent aujourd'hui n'a été appelé à s'expliquer devant ses électeurs sur aucune de ces questions si graves ; elles existaient peut-être en germe, mais elles n'étaient pas soupçonnées ; personne surtout ne pouvait se douter encore que la France s'y trouverait un jour engagée jusqu'au sang et jusqu'à l'honneur. Nous aurions eu la paix depuis 1857, que l'Assemblée actuelle serait déjà bien éloignée de représenter avec une complète exactitude l'esprit toujours un peu mobile de notre pays ; mais on peut dire que les événements de dix années ont été entassés dans ce court intervalle, et que l'Assemblée actuelle est au milieu de nous une sorte de témoignage d'une situation qui a passé et d'un temps qui n'est plus. Au milieu des graves questions qui nous divisent, on entend tout le monde en appeler sans cesse à l'opinion de la France ; nous n'avons encore entendu personne en appeler à l'opinion de cette Assemblée. Cette distinction, toujours fâcheuse, alors même qu'elle n'est point fondée, cessera d'elle-même le jour où une nouvelle Assemblée, librement choisie par les électeurs, arrivera au milieu de nous pénétrée de l'opinion du pays.

Nous sommes au 1er décembre ; l'ouverture de la session législative a lieu d'ordinaire entre le 5 et le 10 janvier ; le temps ne manque donc pas pour des élections nouvelles. Pourquoi la bonne volonté ferait-elle défaut plus que le temps ? Ce complément naturel du décret du 24 novembre n'en serait-il pas l'interprétation la plus claire et la plus rassurante pour l'esprit public? Si le décret du 24 novembre n'a au fond réformé, comme nous l'avons entendu soutenir, que le règlement de l'Assemblée, des élections nouvelles sont inopportunes ; mais elles seraient alors inopportunes aussi l'émotion et l'espérance que ce décret a communiquées au pays. Si au contraire, comme nous le pensons, le décret du 24 novembre a modifié la Constitution même, dans une de ses parties les plus importantes, des élections ne sont-elles pas nécessaires et le mandat de nos députés ne doit-il pas être nouveau comme leur pouvoir?

Paris. — Imprimerie de L. TINTERLIN et Cⁱᵉ, rue Neuve-des-Bons-Enfants, 3.

www.ingramcontent.com/pod-product-compliance
Lightning Source LLC
Chambersburg PA
CBHW061330060726
47596CB00003B/1166